Inhalt

Software-Controlling - Objektive Messung des Wertes von Software mittels der Function Point Analyse

GENIOS WirtschaftsWissen Nr. 01/2006 vom
19.01.2006

Software-Controlling - Objektive Messung des Wertes von Software mittels der Function Point Analyse

M.Westphal

Kernthesen

- Software beansprucht wachsende Anteile am Budget eines Unternehmens.
- Die sinkenden Budgets für IT-Ausgaben zwingen die Unternehmen zu konsequenteren Messungen des Wertes von Software für das Unternehmen.
- Bisher werden kaum objektivierbare Methoden zur Messung des Wertes von

Software genutzt.
- Die Function Point Analyse stellt eine allgemein anerkannte Metrik zur objektiven Messung des Wertes von Software dar.

Beitrag

Das Controlling von Software-Projekten mit objektiven Messzahlen rückt zunehmend in den Fokus von Unternehmen. Controlling wird von Unternehmen stiefmütterlich behandelt. Jedes Jahr werden für die Herstellung und Wartung von Software Milliarden von Euro ausgegeben. Trotzdem ist es in dem nahezu halben Jahrhundert seit es Software gibt, noch nicht gelungen, Kalkulationsschemata für dieses Produkt zu schaffen.

Software ist ein sehr großer Budgetposten, dessen Controling vom Unternehmnen stiefmütterlich behandelt wird

So sind für Produktionsunternehmen übliche Kostenplanungen oder die Bildung von Produktivitätskennzahlen im Bereich der Software-

Entwicklung Fremdworte. Das Problem besteht darin, dass den signifikanten Investitionen eine schwer zu quantifizierende Leistung gegenüber steht. (5) (6) Solange der Output oder auch die Leistung von Software-Entwicklung nicht bewertet werden kann, kann es kein aussagekräftiges Controlling für die Entwicklung und den Betrieb von Informationssystemen geben.

Nur durch eine Leistungsmessung können Verbesserungen der Effizienz und Qualität nachweisbar erreicht werden.

Häufig wird mit eher subjektiven Größen wie der Nutzwertanalyse gearbeitet, die die "Tauglichkeit des Vorhabens" bewertet. (6)

Oder die Kosten für Softwareprojekte werden einfach nur geschätzt und mit einem üppigen Risiko-Aufschlag versehen. In diesem Falle ist es für die Entwickler selten ein Problem, innerhalb der vereinbarten Budgets zu bleiben. (2)

Aber auch eine unternehmensübergreifende Bewertung mittels des Substanzwerts eines Systems ist problematisch, da der Substanzwert häufig einfach mit den Projektkosten gleichgesetzt wird. Eine effiziente oder auch ineffiziente Projektdurchführung wird nicht berücksichtigt, wobei diese natürlich zu recht unterschiedlichen Ergebnissen führen könnten. Eine objektivierbare Methode wird gesucht. (6)

In der Software-Entwicklung herrscht immer noch die

Meinung vor, dass es sich hierbei um einen kreativen Akt handelt, der nur in seiner Gesamtheit betrachtet und welcher wertmäßig nicht alleine nach seinem Aufwand berechnet werden kann. Es wird bisher zuwenig berücksichtigt, dass das Umsetzen von Anforderungen der Anwender in ablauffähige Programme auch als Handwerk unter Berücksichtigung aktueller Hardwaretechnik und Softwaremethodik ist. (5)

Es gibt für den Bereich der Software-Entwicklung weder ein Maß für die "Größe" der Software noch sind Statistiken für die Erstellungszeiten verfügbar. Es müssen zunächst entsprechende Vorarbeiten geleistet werden, um ein Datengerüst für Kalkulationen zu schaffen wie dieses in der Industrie üblich ist. (5)

Notwendig ist eine gute Datenstruktur und Datendefinitionen, die in gemeinsamen Reporting-Tools erfasst werden. (7)

Die Leistung von Software ist schwer fassbar, daher sind die Bewertung und das Controlling von EDV-Programmen und Software-Entwicklung schwierig aber unabdingbar. (6)

Die Function Point Methode schafft eine einheitliche und objektive Dokumentation der IT-Anwendungssysteme aus Benutzersicht. Dieses resultiert in einem Tool, welches Projektentscheidungen, Investitionen und Verträge absichert und eine Lieferantenauswahl ermöglicht. (3)

Es gibt verschiedene Ansätze, den Wert von Software zu messen

Das Scheitern vieler IT-Vorhaben ist vorprogrammiert, da ihr Umfang und die Kosten erst im laufenden Projekt klar werden und nicht schon im Vorfeld. Es fehlen Methoden zur Aufwandsschätzung. (1)

Zur Schätzung von IT-Projekten bieten sich mehrere Methoden an, die in der Regel zweistufig sind. Im ersten Schritt muss für den künftigen Systemumfang eine funktionale Maßzahl ermittelt werden. Diese wird auf der Basis von Erfahrungswerten aus vorangegangenen Projekten hochgerechnet. So ermittelt man dann die Eckwerte des künftigen IT-Systems. Die hierfür gängigste Ermittlungsmethode ist die Function Point Methode, die Datenbewegungen zählt und nach den Regeln der International Function Point User Group oder dem Common Measurement International Consortium eine Maßzahl für den Funktionsumfang der Software ermittelt. (1)

Ebenso gibt es aber neben diesem methodengestützten Verfahren auch die Expertenschätzklausur, die sehr weit verbreitet ist. Experten schätzen in diesem Falle den funktionalen Umfang und leiten die Projekteckwerte auf Basis

ihrer persönlichen Erfahrungen ab. (1)
Ein weiteres, bisher häufig genutztes Indiz für die Größe eines Programms nämlich die "Lines of Code" (Anzahl der Programmzeilen), ist auch abhängig von der verwendeten Programmiersprache wie auch der Arbeitsweise der Programmierer. (5)
Besser wäre es, die Größe einer Software an ihrer Funktionalität zu messen. Dieses Maß ist unabhängig von allen anderen Einflussgrößen. Unter der Funktionalität wird die Summe aller Eigenschaften, die dem Anwender zur Verfügung gestellt werden, verstanden. (5)
Eine Leistungsmessung, die nachvollziehbar, objektiv und vergleichbar ist und mit vertretbarem Aufwand durchgeführt werden kann, kann das Controlling sinnvoll unterstützen oder gar erst ermöglichen. (6)
Die bekannteste funktionsorientierte Meßmethode für Softwareprodukte ist die bereits in den achtziger Jahren entwickelte "Function Point Analysis" mit der Maßeinheit "Function Points". Sie ist durch die ISO standardisiert. Auch wenn die Anwendung der Function Point Analysis in Deutschland bisher kaum verbreitet ist, so setzt sie sich in anderen Ländern immer stärker durch. (5) (6)
Die Ermittlung der Produktivität in der Software-Entwicklung lässt sich durch die Kennzahl "Function Point" sehr gut messen. Damit ist diese Kennzahl auch für die Kalkulation der Softwareprojekte sehr geeignet. (5)

Die Produktivität errechnet sich aus Function Points pro Stunde (FP/h). Dabei wird die Produktivität zusätzlich noch von der Gesamtheit der restlichen Kostentreiber beeinflusst. Sie ist natürlich bei erfahrenen Mitarbeitern höher als bei Anfängern. (5) Allerdings ist für eine zuverlässige Produktivitätsmessung mittels Function Points zu berücksichtigen, dass die Dokumentation, die den Function-Point-Ermittlungen zu Grunde liegt, auch einer einheitlichen Norm unterliegt. (5)

Das Controlling von Software muss sehr unterschiedliche Leistungsarten bewerten

Sofern das Controlling für eine **Anwendungsentwicklung** durchgeführt wird, stellen sich folgende Fragen:- Reichen die Mitarbeiter und das Budget aus, oder ist die Ausstattung zu reichlich?- Die Anforderungen des Marktes wachsen. Kann auch die Leistung entsprechend gesteigert werden?
- Ist der Einsatz an Mitarbeitern für Wartung und Support angemessen?
- Hat der Bereich eine dem Industriestandard entsprechende Ausfall- und Fehlerquote der EDV-

Systeme? (6)

Natürlich ist die Function Point Analyse nicht nur für Software-Projekte geeignet. Sie kann ebenso für **Standardsoftware** eingesetzt werden. In diesem Falle gibt es aber für die Function-Point-Analyse keine "Standardbewertung", da Standardsoftware ja immer an die Bedürfnisse des Unternehmens modifiziert worden ist und daher die Bewertungsbasis auch immer dem konkreten Einsatz angepasst werden muss. (6)

Wird das Controlling für das Monitoring von **externen EDV-Dienstleistern** verwandt, muss jederzeit eine objektivierbare Leistungsbewertung durchgeführt werden, um zu überprüfen, dass die vom Dienstleister erbrachten Leistungen Marktstandards genügen. Denn aufwandsbasierte Vergütungen oder Festpreisvereinbarungen alleine können diesen Tatbestand nicht sicherstellen. (6)

Auch gesetzliche Vorschriften zwingen die Unternehmen zur Nutzung objektiver Metriken zur Wertmessung von Software

An das Controlling stellen sich aber auch Anforderungen gemäß internationaler Controlling-Standards. Sofern nämlich Software-Entwicklungskosten in der Bilanz z. B. nach US-GAAP aktiviert werden müssen, muss auch nachgewiesen werden, dass ihnen entsprechende Leistungswerte gegenüber stehen. So fordern internationale Controllingstandards wie ITIL (IT Infrastructure Library), dass in der EDV-Anwendungsentwicklung kontinuierlich Leistungsmessungen durchgeführt werden. Der empfohlene Standard hierbei ist die Function Point Analysis. (6)

Auch im Zuge der neuen Buchführungsrichtlinien im Rahmen von IAS/IFRS ist die Erfassung von "Werten" für Entwicklungsaufwendungen erforderlich. So kann unter Umständen auch eine Wirtschaftlichkeitsrechnung verlangt werden, was im Unternehmen eine entsprechende Systematik und EDV-gestützte Überwachung voraussetzt. (4)

Die Vorgehensweise bei der Messung von Softwareprojekten durch die Function Point Analyse verläuft nach einem

standardisierten Schema

Die volle oder zumindest teilweise Automatisierung von Geschäftsprozessen muss durch EDV-Systeme geleistet werden. Hierdurch werden Kosten-, Zeitvorteile oder Alleinstellungsmerkmale für das Unternehmen erzielt.

Ein Geschäftsprozess ist eine geordnete und definierte Folge von Aktivitäten. Eine Aktivität ist die kleinste, sinnvoll abgeschlossene Einheit innerhalb eines Geschäftsprozesses.

Ein Elementarprozess ist die kleinste sinnvolle fachliche Funktion innerhalb eines Systems und ist durch Ein- oder Ausgabe von Daten in irgendeiner Form gekennzeichnet.

Im Rahmen der Function Point Analysis wird jedem Elementarprozess und jedem Datenbestand nach genau vorgegebenen Regeln ein Punktwert zugeordnet. (6)

Natürlich müssen sämtliche Elementarprozesse und bewerteten Datenbestände innerhalb der Function Point Analysis detailliert aufgelistet werden. Das kann z. B. in Form eines Funktionsbaums geschehen. Für eine Function Point Analysis ist die Angabe eines pauschalen Ergebniswertes nicht ausreichend. Es muss nachvollzogen werden können, welche Elementarprozesse und Datenbestände berücksichtigt wurden. (6)

Bei der Bewertung ist zu unterscheiden zwischen einem bestehenden System, welches am Besten in Form eines strukturierten Interviews zu analysieren ist.
Fachliche Anforderungen werden entweder im Rahmen einer Anforderungsanalyse oder eines Workshops mit den Anforderern selbst durchgeführt. (6)

Wichtig ist es, bei Function Point Analysen auf erfahrene Experten zurück zugreifen. Sie sollten im Jahr mindestens zehn, besser aber zwanzig Analysen durchführen. Nur dann ist genügende Routine und Praxis gewährleistet. (6)

Die Function Point Analyse ermittelt verschiedene Kennzahlen für das Controlling relevanter Messzahlen

Als Kennzahl für Software-Projekte hat sich "Kosten pro Function-Point" in den Vordergrund gespielt. Diese Kennzahl ist auch eine Art Stückkosten. In der Software-Entwicklung sind die Kosten allerdings auch sehr stark mit der Produktivität korreliert. Diese definiert sich aus dem Verhältnis der durch das

Projekt gelieferten Function-Points zum Projektaufwand. (6)
Daneben zählt auch die Geschwindigkeit, mit der ein Projekt Ergebnisse liefert. Hierzu werden die Function-Points ins Verhältnis zu den Kalendermonaten gemessen. (6)
Qualität eines Software-Projekts wird auch über die Fehler, also das Abweichen des Systemverhaltens von explizit oder implizit vorgegebenen Anforderungen, definiert. Gemessen wird dieses mit Function-Points pro Fehler, was einen sehr guten Maßstab darstellt für die Fehlerdichte eines Projektes. (6)

Fallbeispiele

Die HVB Systems, Tochter der Hypovereinsbank, hat mit Hilfe der Unternehmensberatung Droege & Comp eine Methode zur Messung von Software-Entwicklung erstellt. Erste Aufgabe bei dieser Entwicklung war die Definition der überhaupt entscheidenden objektiven Daten. Hierbei bieten sich die Lines of Code an, die aber zur objektiven Messung normiert werden müssen.
Allerdings entschied sich das Projektteam zusätzlich zur Messung fachlicher Use-Cases. Dieses sind

Handlungsabfolgen und Prozesse, die von Nutzern im Umgang mit der fertigen Software durchlaufen werden. (2)

In Italien ist es gesetzliche Vorschrift, den Leistungsumfang von angebotenen Softwareprodukten in Function Points anzugeben, sofern der Kunde eine staatliche Stelle ist. (3)

Werkzeuge zur Messung von Software, die sich Lines of Code als Metrik bedienen, kämpfen auch mit einem Paradoxon der Sprachumrechnungsfaktoren (Assembler-Äquivalent). So hat ein Programm mit einem Personalaufwand von einem Mannmonat etwa 10 000 Lines of Code in der Programmiersprache COBOL. Daraus bemisst sich eine Produktivität von 10 000 Lines of Code pro Mannmonat.
Wäre dieses Programm aber in der Programmier-/Maschinensprache Assembler programmiert, entspräche der Umfang etwa 30 000 Lines of Code. Damit betrüge die Produktivität in diesem Falle 30 000 Lines of Code je Programmiermonat. So wäre das Projekt in diesem Falle dreimal produktiver als das COBOL-Projekt. Aus diesem Grunde sind Lines of Code-basierte Metriken bei Metrikspezialisten sehr umstritten. (3)

Weiterführende Literatur

(1) Projekte realistisch planen
aus Computerwoche, 14.10.2005, Nr. 41 Seite 38

(2) Software-Entwicklung richtig kalkulieren
aus Computerwoche, 17.06.2005, Nr. 24 Seite 32

(3) Einsatz und Nutzen der Function-Point-Methode -
Aufwandsschätzung von Softwareprojekten
aus Projektmanagement, Heft 1/2005, S. 23-30

(4) Enterprise Compliance Management – reagiert
oder agiert der CIO?
aus IM Information Management & Consulting, Heft
4/2005, S. 13-19

(5) Wie teuer ist die Softwareentwicklung? - Von der
Aufwandschätzung zur Kostenkalkulation
aus REFA-Nachrichten, Heft 5/2005, S. 29-32

(6) Poensgen, Benjamin, Leistungsorientiertes
Controlling in Entwicklung und Betrieb von
Informationssystemen, Controlling, Heft 11,
November 2005, S. 671 678
aus REFA-Nachrichten, Heft 5/2005, S. 29-32

(7) Daum, Jürgen H. / Brandt, Werner / Buess,
Thomas / Francke, Lennart / Kappler, David, The
Future of Enterprise Performance Management From
Best to Next Practice, Controlling, Heft 11, November
2005, S. 679 - 684
aus REFA-Nachrichten, Heft 5/2005, S. 29-32

Impressum

Software-Controlling - Objektive Messung des Wertes von Software mittels der Function Point Analyse

Bibliografische Information der deutschen Nationalbibliothek

Die Deutsche Nationalbibliothek verzeichnet diese Publikation in der deutschen Nationalbibliografie; detaillierte bibliografische Daten sind im Internet über http://dnb.d-nb.de abrufbar.

ISBN: 978-3-7379-0029-4

© 2015 GBI-Genios Deutsche Wirtschaftsdatenbank GmbH, Freischützstraße 96, 81927 München, www.genios.de

Vervielfältigungen (Fotokopie/Mikroskopie), Übersetzungen, Auswertungen durch Datenbanken oder ähnliche Einrichtungen und die Einspeicherung und Verarbeitung in elektronischen Systemen.